KB105297

A Dog of Flanders

플랜더스의 개

플랜더스의 개

First edition: February 2010

TEL (02)2000-0515 | FAX (02)2271-0172

ISBN 978-89-17-23758-0

YBM Reading Library는 ...

쉬운 영어로 문학 작품을 즐기면서 영어 실력을 크게 향상시킬 수 있도록 개발된 독해력 완성 프로젝트입니다. 전 세계 어린이와 청소년들에게 재미와 감동을 주는 세계의 명작을 이제 영어로 읽으세요. 원작에 보다 가까이 다가가는 재미와 명작의 깊이를 느낄 수 있을 거예요.

350 단어에서 1800 단어까지 6단계로 나누어져 있어 초·중·고 어느 수준에서나 자신이 좋아하는 스토리를 골라 읽을 수 있고, 눈에 쉽게 들어오는 기본 문장을 바탕으로 활용도가 높고 세련된 영어 표현을 구사하기 때문에 쉽게 읽으면서 영어의 맛을 느낄 수 있습니다. 상세한 해설과 흥미로운 학습 정보, 퀴즈 등이 곳곳에 숨어 있어 학습 효과를 더욱 높일 수 있습니다.

이야기의 분위기를 멋지게 재현해 주는 삽화를 보면서 재미있는 이야기를 읽고, 전문 성우들의 박진감 있는 연기로 스토리를 반복해서 듣다 보면 리스닝 실력까지 크게 향상됩니다.

세계의 명작을 읽는 재미와 영어 실력 완성의 기쁨을 마음껏 맛보고 싶다면, YBM Reading Library와 함께 지금 출발하세요!

YBM Reading Library

책을 읽기 전에 가볍게 워밍업을 한 다음, 재미있게 스토리를 읽고, 다 읽고 난 후 주요
구문과 리스닝까지 꼭꼭 다지는 3단계 리딩 전략! YBM Reading Library, 이렇게 활용
하세요.

Before the Story

Words in the Story

스토리에 들어가기 전,
주요 단어를 맛보며 이야기의
분위기를 느껴 보세요~

At last, Nello finished his drawing.
He put it carefully on the milk-cart. [1]
And he went with Patrasche into town.
He left his drawing at City Hall.
"I did my best," he thought. [2]

In the Story

★ 스토리

재미있는 스토리를 읽어요. 잘 모른다고
멈추지 마세요. 한 페이지, 또는 한 chapter를
끝까지 읽으면서 흐름을 파악하세요.

★★ 단어 및 구문 설명

어려운 단어나 문장을 마주쳤을 때,
그 뜻이 알고 싶다면 여기를 보세요.
나중에 꼭 외우는 것은 기본이죠.

□ leave 두고 오다, 남기다
(leave-left-left)
□ City Hall 시청
□ think 생각하다
(think-thought-thought)
□ fear 두려움
□ on the way back 돌아오는 길에

□ perhaps 어쩌면, 혹시
□ not ... at all 전혀 …않은
□ as + 주어 + 동사 …가 …할 때
□ go by (사람, 차 등이) 지나가다
□ statue 동상, 조각상
□ courage 용기
□ comforted 위안이 되는

36 · A Dog of Flanders

★★★ 돌발 퀴즈

스토리를 잘 파악하고
있는지 궁금하면 돌발 퀴즈로
잠깐 확인해 보세요.

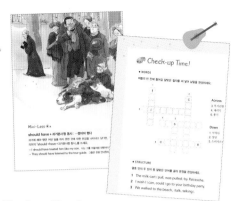

Mini-Lesson
너무나 중요해서 그냥 지나칠 수 없는
알짜 구문은 별도로 깊이 있게 배워요.

But Nello felt a great fear on
the way back.
"Perhaps my drawing isn't
good at all," he thought.
As he went by the cathedral,
he saw a statue of Rubens
there. The great artist seemed
to be smiling at him and
saying, "Have courage, my
little friend!"
Nello came home, feeling
comforted.

★ ★ ★ 　⑦ 네로에게 용기를 준 것은 무엇인가요?
　　　L a. 파트라슈　b. 루벤스의 동상　c. 성당의 그림
　　　　　(위 정답)

1 put A on B　A를 B에 놓다
　He put it carefully on the milk-cart.
　그는 그것을 조심스럽게 우유 수레에 놓았다.

2 do one's best　최선을 다하다
　"I did my best," he thought.
　'난 최선을 다했어.' 그는 생각했다.

Chapter 2 · 37

Check-up Time!
한 chapter를 다 읽은 후 어휘, 구문,
summary까지 확실하게 다져요.

Focus on Background
작품 뒤에 숨겨져 있는 흥미로운 이야기를
읽으세요. 상식까지 풍부해집니다.

After the Story

Reading X-File　이야기 속에 등장했던
주요 구문을 재미있는 설명과 함께 다시 한번~

Listening X-File　영어 발음과 리스닝 실력을 함께
다져 주는 중요한 발음법칙을 살펴봐요.

MP3 Files
www.ybmbooksam.com에서 다운로드 하세요!

YBM Reading Library

이제 아름다운 이야기가 시작됩니다

A Dog of Flanders

Ouida (1839~1908)
위다는 …

영국의 서퍽 주 베리 세인트 에드먼즈(Bury St. Edmunds)에서 태어났으며 본명은 마리 루이스 드 라 라메(Marie Louise de la Ramée)이다. 위다는 어릴적 가족들이 부르던 애칭이었는데, 작품 활동을 할 때 이것을 필명으로 썼다. 매우 감성적이었으며 여행과 글쓰기를 좋아했던 위다는 첫번째 소설인 〈포도원 그랑빌(Granville de Vigne)〉이 월간지에 실리면서 작가로서 이름을 알리게 되었다.

이후 위다는 〈두 깃발 아래(Under Two Flags)〉, 〈뉘른베르크의 난로 (The Nürnberg Stove)〉 등 어린이를 위한 동화를 많이 출간하였다. 동물을 무척 사랑하여 동물에 대한 소설도 많이 썼던 그는 개와 소년의 순수한 우정과 예술에 대한 사랑을 담은 〈플랜더스의 개(A Dog of Flanders)〉가 큰 인기를 끌면서 유명 작가의 대열에 서게 되었다.

평생 40편 이상의 소설과 단편집을 발표하며 왕성한 창작 활동을 벌였던 위다는 짜임새 있는 구성과 매혹적인 표현으로 19세기에 가장 인상적인 아동문학을 선보였다는 평가를 받고 있다.

A Dog of Flanders
플랜더스의 개는 …

어린 시절 위다가 아버지로부터 전해들은 이야기에서 영감을 받아 쓴 소설로, 개와 소년의 깊은 우정을 통해 어린이들에게 생명 존중의 정신과 도덕심을 깨우쳐 주고 싶은 작가의 마음이 담겨 있다.

할아버지와 우유 배달을 하던 네로는 어느 날 길가에 쓰러진 파트라슈를 발견하고 정성껏 돌보아 준다. 그 후 네로와 파트라슈는 형제처럼 서로를 의지하며 늘 함께한다. 가난 속에서도 화가에 대한 꿈을 키우던 네로는 방앗간에 불을 질렀다는 억울한 누명을 쓰고 이웃들의 냉대를 받게 된다. 유일한 가족이었던 할아버지가 돌아가시고, 살던 집에서 쫓겨 난 네로는 희망을 걸었던 미술 대회에서마저 수상을 하지 못하여 절망에 빠진다. 배고픔과 추위에 지친 네로는 우연히 많은 돈이 든 지갑을 발견하지만, 주인에게 돌려

주고 크리스마스 전날 밤 차디찬 성당에서 파트라슈와 함께 숨을 거둔다.
오늘날에도 전 세계적으로 사랑을 받고 있는 〈플랜더스의 개〉는 꿈 많은 소년 네로와 충직한 개 파트라슈의 비극적 이야기를 통해 많은 독자들의 가슴 속에 순수한 동심과 우정을 일깨워 주고 있다.

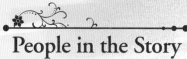

People in the Story

플랜더스의 개에 등장하는 인물들을 살펴볼까요?

Grandfather
네로의 할아버지. 우유 배달을 하며
가난하게 살지만 정이 많고 인자하여
네로와 파트라슈를 아끼고 사랑해 준다.

Nello
화가가 되는 꿈을 가진
소년. 그림 그리는 재능
을 타고 났으며 가난
속에서도 화가의 꿈을
이루기 위해 열심히 살
아간다.

Patrasche
네로의 가장 친한 친구. 자신을 구해
준 은혜를 잊지 않고, 우유 수레를 끌며
어려움 속에서도 끝까지 네로의 곁을 지킨다.

Mr. Cogez
아로아의 아버지. 고집이 세고 편견이
심해서 가난한 네로를 싫어했지만,
네로가 정직하다는 것을 알고
잘못을 뉘우친다.

Mrs. Cogez
아로아의 어머니. 코제츠 씨와 달리
마음씨가 따뜻하고 다정하며 네로가
억울한 누명을 썼을 때 결백을 주장한다.

Alois
마을에서 가장 부유한 방앗간 집 딸.
아버지의 반대로 네로와 놀지 못하지만
마음 속으로 네로의 꿈을 이해해 주는
친구이다.

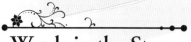

Words in the Story

플랜더스의 개에 나오는 단어들을 살펴봐요.

mill-house
방앗간

farmer
농부

roadside
길가

neighbor
이웃

rest
쉬다

with a smile
미소를 지으며

milk-cart
우유 수레

pat
쓰다듬다

tail
꼬리

wag
흔들다

handle
손잡이

beside
…의 곁에

A Dog of Flanders

Ouida

Nello and Patrasche
네로와 파트라슈

A long time ago, a little boy lived in Flanders.*

His name was Nello and he lived with
his grandfather.

플랜더스는 프랑스 북부,
벨기에 서부, 네덜란드
남서부에 걸쳐 있는 지역이에요.

When Nello was a baby, his parents died.

So his grandfather took care of him. ¹

Every morning, Grandfather woke up very early
and collected milk from the neighbors' cows.

☐ little (나이) 어린
☐ when + 주어 + 동사 …가 ~할 때
☐ parents 부모
☐ wake up 잠에서 깨다
　(wake-woke-woken)
☐ collect 모으다

☐ neighbor 이웃
☐ deliver 배달하다
☐ pull 끌다
☐ milk-cart 우유 수레
☐ push 밀다
☐ from behind 뒤에서

1 **take care of** …을 보살피다(돌보다)
　So his grandfather took care of him.
　그래서 할아버지가 그를 보살폈다.

Then he delivered the milk to the town of Antwerp.
When Grandfather pulled the milk-cart, Nello
pushed it from behind.
They were poor, but they lived happily together.

□ after work 일을 마친 후
□ lie 눕다 (lie-lay-lain)
□ roadside 길가
□ look + 형용사 …해 보이다
□ weak 쇠약한, 힘없는
□ look at …을 보다
□ carefully 조심스럽게

□ dead 죽은
□ afraid 유감스러운
□ have to + 동사원형 …해야 한다
□ find 찾다, 발견하다
　(find-found-found)
□ owner 주인
□ look around 주위를 둘러보다

One summer day, Nello and Grandfather were coming home after work.

They saw a big dog lying on the roadside. [1]

The dog looked weak and very sick.

Grandfather looked at the dog carefully.

"Is he dead?" said Nello.

"No. But I'm afraid he is dying," said Grandfather.

"Can we take him home?" said Nello. ☀

"Well, I think we have to find his owner," said Grandfather.

They looked around but couldn't find the owner of the dog.

"We can't let him die," said Grandfather.

"Let's take him home."

---

1 see + 목적어(A) + ...ing(B) A가 B하고 있는 것을 보다
They saw a big dog lying on the roadside.
그들은 큰 개가 길가에 누워있는 것을 보았다.

Mini-Less☀n

허락을 나타내는 can

'…할 수 있다'라는 능력을 나타내는 조동사 can은 '…을 해도 된다'라는 허락의 뜻을 가지고 있기도 해요.

• Can we take him home? 우리가 그를 집으로 데려가도 될까요?
• You can use my car. 제 자동차를 사용하셔도 됩니다.

Nello and Grandfather took the poor dog to their hut. [1]

They took good care of him and named him Patrasche. Patrasche soon became healthy again.

When he finally stood up, Nello cried for joy.

"Grandpa! Come and see Patrasche!"

"Oh, he's well now," Grandfather said with a smile.

Patrasche barked and barked cheerfully.

He seemed to say, "Thanks so much." [2]

□ name A B A를 B로 이름 짓다
□ finally 결국, 마침내
□ cry for joy 기뻐서 소리치다
□ with a smile 미소를 지으며
□ bark (개가) 짖다
□ cheerfully 기분 좋게
□ prepare 준비하다

□ between …의 사이에
□ handle 손잡이
□ look like + (that) + 절 …처럼 보이다
□ gently 부드럽게, 온화하게
□ try to + 동사원형 …하려고 애쓰다
□ draw 끌다, 당기다
  (draw-drew-drawn)

---

1 **take A to B** A를 B로 데려가다〔가져가다〕
   Nello and Grandfather took the poor dog to their hut.
   네로와 할아버지는 가엾은 개를 자신들의 오두막으로 데려갔다.

2 **seem to + 동사원형** …인 것 같다
   He seemed to say, "Thanks so much."
   그는 마치 "정말 고맙습니다."라고 말하는 것 같았다.

Next morning, Nello and Grandfather were
preparing the milk delivery.
Patrasche walked to the cart.
And he stood between its handles.
It looked like he wanted to pull the cart.
"Grandpa, he wants to help you," said Nello.
"It is too heavy for him," said Grandfather.
He gently pushed Patrasche aside.
Then Patrasche tried to draw the cart with his teeth.

At last, Grandfather let Patrasche help him. [1]
Nello and Grandfather delivered the milk more
easily with Patrasche.
Patrasche pulled the cart every morning.
In the afternoon, he slept in the sun or played with
Nello. Patrasche was very happy in his new home.

□ at last 결국
□ more easily 더 쉽게
□ sleep 잠을 자다 (sleep-slept-slept)
□ go by (시간 등이) 경과하다 (go-went-gone)

□ no longer 더 이상 …않다
□ proudly 당당하게
□ greet 맞이하다, 환영하다
□ warmly 따뜻하게

1 **let + 목적어(A) + 동사원형(B)** A가 B하는 것을 허락하다
At last, Grandfather let Patrasche help him.
결국 할아버지는 파트라슈가 도와주는 것을 허락했다.

As time went by, Grandfather became very weak. ☀
He could no longer go out to work.
So, Nello did the milk delivery with Patrasche.
He was just a little boy, but he did it very well and
proudly. Grandfather greeted them warmly
when they came home.

Mini-Less☀n

See p.82

as : …할수록〔함에 따라〕

'…가 ~할수록〔함에 따라〕'이라는 의미를 나타내고 싶다면, 접속사 as를 써서
「as + 주어 + 동사」의 형태로 하면 된답니다.

• As time went by, Grandfather became very weak. 시간이 지날수록 할아버지는 매우 쇠약해졌다.
• As the day goes on, the weather gets worse. 날이 갈수록 날씨가 더 안 좋아진다.

Check-up Time!

● WORDS

다음의 단어에 해당되는 뜻을 찾아 연결하세요.

1 collect • • 눕다

2 lie • • 모으다

3 push • • 밀다

4 greet • • 준비하다

5 prepare • • 맞이하다

● STRUCTURE

빈 칸에 알맞은 단어를 골라 체크하세요.

1 I saw my friend _____ on the floor.
   ☐ danced   ☐ dancing

2 He seems _____ me.
   ☐ like   ☐ to like

3 My parents let me _____ in the sea.
   ☐ swim   ☐ swimming

본문의 내용과 일치하면 T, 일치하지 않으면 F에 표시하세요.

1 The owner took Patrasche to his hut. ☐T ☐F

2 Nello and Patrasche played together
   after work. ☐T ☐F

3 Patrasche wanted to help Grandfather. ☐T ☐F

4 As time went by, Grandfather became
   very healthy. ☐T ☐F

● SUMMARY

빈 칸에 맞는 말을 골라 이야기를 완성하세요.

Nello and his grandfather lived in a little village. They
(   ) milk every morning. One day, they saw a sick dog
on the roadside. They (   ) care of the dog and (   )
him Patrasche. When the dog was well again, he (   )
the milk-cart.

a. took   b. named
c. delivered   d. pulled

Passion for Art

미술에 대한 열정

In Antwerp, Nello sometimes went into the
cathedral. But when he came out, he always
looked very sad.

"I wish I could see the pictures," he said. [1]

"They are covered in curtains. I must pay to see
them, but I have no money."

He gently hugged Patrasche and said,

"If I could see them, I would die happy."

The pictures were *The Elevation of the Cross* and
The Descent of the Cross.

---

1 **wish** + (**that**) + 주어 + 과거형 조동사 + 동사원형 …가 ~라면 좋을 텐데
   I wish I could see the pictures.
   내가 그 그림들을 볼 수 있다면 좋을 텐데.

Mini-Less☀n

See p.83

수동태 : …되어지다

'…에 의해서 ~되어지다' 라는 수동태는 「주어 + be동사 + 과거분사형 동사 +
by + 행위자」로 나타냅니다.

• They were painted by the great artist, Rubens.
  그것들은 위대한 화가인 루벤스에 의해 그려졌다.
• This house was built by my grandfather. 이 집은 나의 할아버지에 의해 지어졌다.

They were painted by the great artist, Rubens. ☀

Nello deeply admired him.

"I want to be a famous painter like him,"

whispered Nello. Patrasche licked

Nello's hand softly.

Nello knew his grandfather

wouldn't understand his dream.

So, he talked about it only to

Patrasche and Alois.

□ passion 열정
□ cathedral 성당
□ must + 동사원형 …해야 한다
□ hug 꼭 껴안다
□ elevation 들어 올리기

□ Cross 예수님이
  못 박힌 십자가
□ descent 내리기
□ admire 존경하다
□ lick 핥다

Alois was a pretty girl. She lived at the mill-house.

She often played with Nello and Patrasche.

One day, Alois asked Nello to draw her portrait.

She sat on the grass and posed for him.

Nello started to draw her portrait.

After a while, Alois's father came along.

He found his daughter with Nello.

"Alois! Go home and help your mother!"

he shouted angrily.

"Dad, I just..." Alois began to say.

But she didn't finish.

"Go home right now!" said her father.

She ran home, crying. [2]

□ mill-house 방앗간
□ draw 그림을 그리다
□ portrait 초상화
□ pose for …을 위해 자세를 취하다
□ after a while 잠시 후
□ come along (우연히) 나타나다
□ shout 소리지르다
□ begin〔start〕 to + 동사원형
　 …하기 시작하다
　 (begin-began-begun)
□ finish 마치다, 완성하다
□ right now 당장, 지금 바로

1　**ask + 목적어(A) + to + 동사원형(B)** A에게 B해 달라고 부탁하다
　One day, Alois asked Nello to draw her portrait.
　어느 날 아로아는 네로에게 초상화를 그려 달라고 부탁했다.

2　**주어 + 동사, ...ing** …하면서
　She ran home, crying. 그녀는 울면서 집으로 달려갔다.

Alois's father took the portrait from Nello's hand. [1]

He looked at it and was very surprised.

It looked just like his daughter.

"Why are you wasting your time doing this?" [2]

he asked.

"I... I like drawing. I draw everything," said Nello.

Alois's father took a silver coin out of his pocket.

"Drawing is a waste of time," he said.

"But her mother will like this picture. Take this

money and give it to me."

"I don't want money, Mr. Cogez," said Nello.

"You can have the picture."

Then he called Patrasche and walked away.

"If I had that money, I could see the paintings ☀

in the cathedral," said Nello to Patrasche.

"But I couldn't sell her picture."

---

[1] **take A from B** B에서(로부터) A를 빼앗다
Alois's father took the portrait from Nello's hand.
아로아의 아버지는 네로의 손에서 초상화를 빼앗았다.

[2] **waste one's time + ...ing** …하며 시간을 낭비하다
"Why are you wasting your time doing this?" he asked.
"이런 짓을 하며 시간을 낭비하는 이유가 뭐냐?" 그가 물었다.

□ be surprised 놀라다
□ like …와 비슷한
□ like + ...ing …하기를 좋아하다
□ silver coin 은화

□ pocket 주머니
□ call 부르다
□ walk away (자리를) 떠나다
□ sell 팔다 (sell-sold-sold)

Mini-Lesson

현재 사실과 다른 가정을 하고 싶을 때는?

'만약 …라면 ~할 수 있을 텐데'라고 현재 사실과 다른 상황을 가정할 때는 「If + 주어 + 과거형 동사, 주어 + could + 동사원형」을 쓰면 된답니다.

• If I had that money, I could see the paintings in the cathedral.
  만약 그 돈이 있다면, 성당의 그림들을 볼 수 있을 텐데.
• If I knew his number, I could call him. 만약 그의 전화번호를 안다면, 그에게 전화를 할 수 있을 텐데.

□ diligent 부지런한
□ beggar 거지
□ keep ... apart …을 떼어 놓다
□ nun 수녀
□ not ... anymore 더 이상 …않다

□ a few days later 며칠 후
□ unfair 부당한, 불공정한
□ do nothing 아무것도 하지 않다
□ be angry with …에게 화가 나다
□ send ... away …을 떠나보내다

Mr. Cogez didn't like Nello.

"Don't let Alois play with Nello," he said to his wife.

"But he is a kind and diligent boy," said his wife.

"The boy is poor," said Mr. Cogez.

"And he wants to be an artist. An artist is worse than [1]
a beggar. Keep them apart, or I'll send her to live [2]
with the nuns!"

Alois and Nello couldn't play together anymore.

A few days later, Alois came to see Nello.

"Nello, my dad is so unfair," said Alois.

"You did nothing wrong!"

"Alois, don't be angry with your father," said Nello.

"He is a good man and loves you very much.

Some day, I will be a great artist. And then, your
father will like me."

With a sad smile, he sent her away.

---

[1] 비교급＋than …보다 더 ~한
An artist is worse than a beggar.
화가는 거지보다 더 못하다.

[2] 명령문＋or …해라. 그렇게 하지 않으면
Keep them apart, or I'll send her to live with the nuns!
그 애들이 어울리지 못하게 하시오. 그렇게 하지 않으면 아로아를 수녀원에 보내 버릴 것이오!

Nello was secretly preparing for his future.

After work, he went to a shed behind the hut.

He drew a portrait of a woodman there.

No one taught him how to draw. [1]

But he had a talent for art.

He had no colors, so he drew with charcoals only.

But his drawing was beautiful, even in black
and white.

Nello wanted to enter his drawing in a contest
in Antwerp. The contest was open to everybody [2]
under the age of eighteen.

franc은 프랑스, 벨기에, 스위스
등에서 사용하는 화폐 단위였어요.

And the prize was two hundred francs.*

"Patrasche, I really want to win," said Nello.

"If I get the prize, I can study art."

Patrasche wagged his tail cheerfully.

□ secretly 남몰래
□ shed 광, 헛간
□ woodman 나무꾼
□ no + 명사 어떤 …도 아닌(없는)
□ teach 가르치다
　　(teach-taught-taught)
□ talent 재능
□ colors 그림 물감

□ charcoal 목탄, 숯
□ drawing 그림
□ in black and white 흑백인
□ enter ... in a contest
　　…을 대회에 출품하다
□ prize 상, 상품
□ wag 흔들다
□ tail 꼬리

1 **how to + 동사원형** ···하는 방법

No one taught him how to draw.
아무도 그에게 그림 그리는 방법을 가르쳐 주지 않았다.

2 **be open to** ···에게 열려[개방되어] 있다

The contest was open to everybody under the age of eighteen.
그 대회는 열여덟 살 이하의 모든 사람에게 열려 있었다.

At last, Nello finished his drawing.

He put it carefully on the milk-cart. [1]

And he went with Patrasche into town.

He left his drawing at City Hall.

"I did my best," he thought. [2]

□ leave 두고 오다, 남기다
　(leave-left-left)
□ City Hall 시청
□ think 생각하다
　(think-thought-thought)
□ fear 두려움
□ on the way back 돌아오는 길에

□ perhaps 어쩌면, 혹시
□ not ... at all 전혀 …않은
□ as + 주어 + 동사 …가 ~할 때
□ go by (사람, 차 등이) 지나가다
□ statue 동상, 조각상
□ courage 용기
□ comforted 위안이 되는

But Nello felt a great fear on the way back.

"Perhaps my drawing isn't good at all," he thought.

As he went by the cathedral, he saw a statue of Rubens there. The great artist seemed to be smiling at him and saying, "Have courage, my little friend!"

Nello came home, feeling comforted.

❓ 네로에게 용기를 준 것은 무엇인가요?
└ a. 파트라슈   b. 루벤스의 동상   c. 성당의 그림
정답은 b

---

1 **put A on B** A를 B에 놓다
He put it carefully on the milk-cart.
그는 그것을 조심스럽게 우유 수레에 놓았다.

2 **do one's best** 최선을 다하다
"I did my best," he thought.
'난 최선을 다했어.' 그는 생각했다.

 Check-up Time!

● **WORDS**

퍼즐의 빈 칸에 들어갈 알맞은 철자를 써 넣어 낱말을 완성하세요.

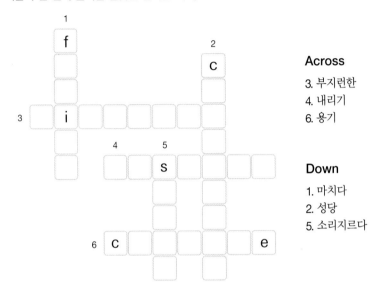

Across

3. 부지런한
4. 내리기
6. 용기

Down

1. 마치다
2. 성당
5. 소리지르다

● **STRUCTURE**

괄호 안의 두 단어 중 알맞은 단어를 골라 문장을 완성하세요.

1 The milk-cart (pull, was pulled) by Patrasche.

2 I wish I (can, could) go to your birthday party.

3 We walked to the beach, (talk, talking).

 ANSWERS

문장의 앞부분과 뒷부분을 본문에 나오는 내용을 생각하며 연결하세요.

1 Alois   •

    • a. licked Nello's hands.

2 Mr. Cogez   •

    • b. lived at the mill-house.

3 Nello   •

    • c. came home, feeling comforted.

4 Patrasche   •

    • d. took a coin out of his pocket.

● SUMMARY

빈 칸에 맞는 말을 골라 이야기를 완성하세요.

Nello wanted to see Rubens's (   ) in the cathedral. He (   ) Rubens and had a dream to be a great artist like him. So, he (   ) a picture of a woodman and (   ) it in a contest.

a. drew

b. paintings

c. admired

d. entered

ANSWERS

Summary | b, c, a, d
Comprehension | 1. b   2. d   3. c   4. a

Fire at the Mill
방앗간의 화재

Snow fell for many days. [1]

It was hard for Patrasche to pull the cart over the snow. [2]

"Rest at home, Patrasche,*" said Nello.

"I can pull the cart." 파트라슈의 품종은 플랜더스 토종인 부비에 데 플랑드르
(Bouvier Des Flandres)로 순종적이고 힘이 센 일꾼개로 유명합니다.

But every day Patrasche pulled the cart into town.

Patrasche knew only he could help Nello.

One afternoon, Nello and Patrasche found a pretty

doll on the road.

Nello tried to find its owner, but he couldn't.

Then he thought, "Alois will like it."

It was dark when they arrived at the mill-house.

Nello climbed up to Alois's window and tapped softly.

"Alois! It's me," whispered Nello.

□ fire 불, 화재
□ fall (눈, 비가) 내리다 (fall-fell-fallen)
□ rest 쉬다, 휴식하다
□ arrive at …에 도착하다
□ climb up(down) 올라가다(내려가다)

□ tap 가볍게 두드리다
□ softly 조용히, 부드럽게
□ quickly 빨리, 서둘러서
□ disappear 사라지다
□ into the darkness 어둠 속으로

Alois opened the window and looked out.

"Nello!" said Alois with a big smile.

"I found a doll in the snow. Take it," said Nello.

He gave it to her and quickly climbed down.

Soon, he disappeared into the darkness.

---

1 **for + 기간** … 동안
Snow fell for many days. 며칠 동안 눈이 내렸다.

2 **It is hard for + 사람/사물(A) + to + 동사원형(B)** A가 B하는 것은 힘들다 (어렵다)
It was hard for Patrasche to pull the cart over the snow.
파트라슈가 눈길 위로 수레를 끄는 것은 힘들었다.

That night there was a big fire at the mill.

"Fire! Fire!" shouted Mr. Cogez.

All the villagers ran to put out the fire.

Fortunately, the fire was soon under control.

Then Mr. Cogez saw Nello among the people.

He became very angry.

"Nello!" he yelled. "I saw you wandering around
here after dark. I'm sure you started the fire!" [1]

"No, Mr. Cogez. I didn't do it," said Nello, feeling hurt.

□ put out (불을) 끄다
□ fortunately 다행히
□ be under control 진압되다
□ wander around 이리저리 돌아다니다
□ believe 믿다
□ please …의 마음에 들다, 기쁘게 하다

□ powerful 권력 있는
□ whisper 속삭이다, 수군거리다
□ defend 옹호하다
□ innocent 결백한
□ apologize to …에게 사과하다
□ in one's heart 마음 속으로

None of the villagers really believed Mr. Cogez's [2]
words. But they had to please him because he was
rich and powerful.
So they began to whisper that Nello started the fire.
Only Mrs. Cogez defended Nello.
"Nello is innocent," she said.
"You must apologize to him."
Mr. Cogez wouldn't change his mind.
But in his heart, he knew he was wrong.

---

1 **be sure + (that) + 절** …라고 확신하다
   I'm sure you started the fire! 난 네가 불을 낸 게 틀림없다고 확신해!
2 **none of** … 중 아무도 ~않다
   None of the villagers really believed Mr. Cogez's words.
   마을 사람들 중 아무도 코제츠 씨의 말을 진정으로 믿지는 않았다.

The villagers turned against Nello after the fire.

They gave their milk to another man from Antwerp.

Nello didn't know about it.

As usual, he and Patrasche went to collect the milk.

But the villagers said nothing and shut their doors.

One farmer's wife spoke to Nello. "I'm sorry, Nello.

We don't want to make Mr. Cogez angry." [1]

Patrasche's milk-cart became very light.

And Nello had little money. Life became harder ☀

for Nello, Patrasche and old Grandfather.

□ turn against …에게 등을 돌리다
□ another 다른
□ as usual 평상시처럼

□ shut 닫다 (shut-shut-shut)
□ farmer 농부
□ light 가벼운

---

1 **make + 목적어(A) + 형용사(B)** A를 B하게 하다 (만들다)
We don't want to make Mr. Cogez angry.
우린 코제츠 씨를 화나게 하고 싶진 않아.

Mini-Less☀n

See p.84

형용사의 비교급: 형용사 + -er
'더 …한'이라는 뜻을 나타내기 위해서는 형용사에 -er을 붙이면 된답니다. 단, 형용사가
3음절 이상인 경우에는 -er을 붙이는 대신 형용사 앞에 more을 써 주세요.

• Life became harder for Nello, Patrasche and old Grandfather.
  네로, 파트라슈, 그리고 늙은 할아버지의 생활은 더 힘들어졌다.
• Could you speak a little louder? 조금 더 크게 말씀해 주시겠어요?

The weather was very cold and the small rivers were frozen.

Christmas was coming!

And the village was happy and cheerful. Even the poor people had cakes, sweets, and hot drinks.

But in the little hut, there was no warm food.

A few days before Christmas, Grandfather died in his sleep. [1]

? 네로와 파트라슈는 왜 슬퍼했나요?

a. 날씨가 너무 추워서
b. 따뜻한 음식이 없어서
c. 할아버지가 돌아가셔서   정답 c

☐ **weather** 날씨
☐ **be frozen** 얼어붙다
☐ **sweets** 사탕
☐ **drink** 마실 것, 음료수
☐ **be shocked** 충격을 받다

☐ **answer** 대답하다
☐ **sadness** 슬픔
☐ **cry** 울다
☐ **be left** 남겨지다
☐ **all alone** 오로지 홀로, 혼자서

1 **in one's sleep** 잠결에, 자다가
A few days before Christmas, Grandfather died in his sleep.
크리스마스 며칠 전, 할아버지는 주무시다 돌아가셨다.

2 **be filled with** …로 가득 차다
Nello and Patrasche were filled with great sadness.
네로와 파트라슈는 큰 슬픔으로 가득 찼다.

Nello and Patrasche found him next morning.

They were very shocked!

"Grandpa... Grandpa!" called Nello.

But Grandfather didn't answer.

Nello and Patrasche were filled with great sadness. [2]

They cried and cried.

Now they were left all alone in the world.

□ funeral 장례식

□ touch 만지다

□ empty 공허한, 텅 빈

□ wait for …을 기다리다

□ owe 빚지다

□ rent 임대료

□ stay 머무르다

□ beg 사정하다, 간청하다

□ all night 밤새도록

□ close 가까이

None of the villagers came to Grandfather's funeral.

Patrasche touched Nello's hand softly with his nose.

He knew Nello's heart was empty.

When they arrived home, the owner of the hut was
waiting for them.

"Nello, you owe a month's rent," said the owner.

"Pay the rent right now or leave the hut!"

"I have no money for the rent," said Nello.

"Please, give me some time to get the money." [1]

"No! If you don't pay, you can't stay," said the owner.

Nello begged again.

But the owner told Nello to leave the next morning. [2]

All night, Nello and Patrasche sat close together.

It made their bodies warm, but their hearts
seemed frozen.

---

[1] **give** + 간접목적어(**A**) + 직접목적어(**B**) A에게 B를 주다
Please, give me some time to get the money.
제발 저에게 돈을 마련할 시간을 좀 주세요.

[2] **tell** + 목적어(**A**) + **to** + 동사원형(**B**) A에게 B하라고 말하다
But the owner told Nello to leave the next morning.
하지만 집주인은 네로에게 다음날 아침에 떠나라고 말했다.

 # Check-up Time!

● WORDS

빈 칸에 알맞은 단어를 보기에서 골라 써 넣으세요.

| believed | fell | arrived | disappeared |

1 Snow _____ for many days.

2 None of the villagers _____ Mr. Cogez's words.

3 It was dark when they _____ at the mill-house.

4 Soon, he _____ into the darkness.

● STRUCTURE

주어진 단어를 알맞게 배열하여 빈 칸에 다시 쓰세요.

1 They (were, with, filled) great sadness.

→ They _____ great sadness.

2 We don't want to (angry, make, him).

→ We don't want to _____.

3 It was (to pull, him, for, hard) the cart.

→ It was _____ the cart.

● **COMPREHENSION**

사건이 일어난 순서대로 번호를 쓰세요.

a. Grandfather died in his sleep.

b. Nello found a doll on the road.

c. The villagers turned against Nello.

d. Nello went to Alois's house.

(　　) → (　　) → (　　) → (　　)

● **SUMMARY**

빈 칸에 맞는 말을 골라 이야기를 완성하세요.

> There was a big (　　) at the mill. Mr. Cogez was sure Nello had (　　) it. The villagers gave their milk to another man because they had to (　　) Mr. Cogez. They didn't even come to Grandfather's (　　). The owner of the hut told Nello to leave the hut.

a. funeral

b. please

c. started

d. fire

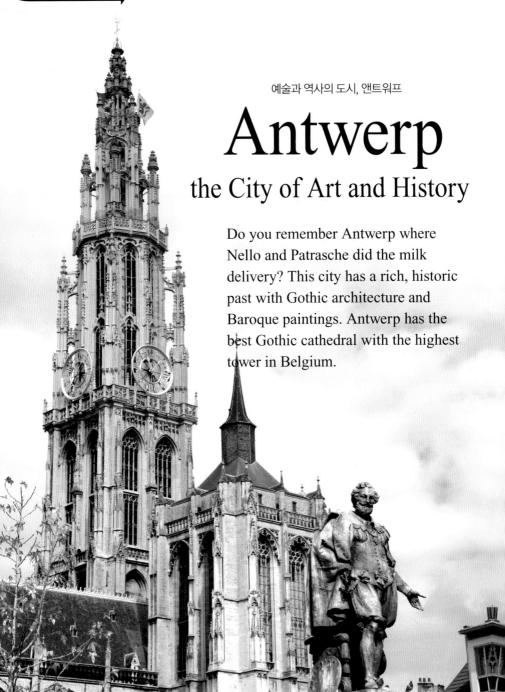

예술과 역사의 도시, 앤트워프

Antwerp
the City of Art and History

Do you remember Antwerp where
Nello and Patrasche did the milk
delivery? This city has a rich, historic
past with Gothic architecture and
Baroque paintings. Antwerp has the
best Gothic cathedral with the highest
tower in Belgium.

It is the Cathedral of Our Lady. Nello often went there after work. It contains a number of works by world-famous Baroque painters such as Peter Paul Rubens, Anthony Van Dyck and Jacob Jordaens. Nello liked *The Elevation of the Cross* and *The Descent of the Cross* by Rubens. They still hang in the Cathedral of Our Lady. People really had to pay to see them back then. Now anybody can see them without money. A statue of Rubens also stands in the Groenplaats by the cathedral. Nello was comforted by this statue. Antwerp can pride itself on an historic medieval castle, Het Steen, and the Renaissance building of Antwerp City Hall. It seems right that people call Antwerp the city of art and history.

〈플랜더스의 개〉에서 네로와 파트라슈가 우유 배달을 했던 앤트워프를 기억하세요? 이곳은 고딕 건축물과 바로크 미술품이 많은 유서 깊은 도시예요. 앤트워프에는 벨기에에서 가장 높은 첨탑이 있는 최고의 고딕 성당이 있어요. 바로 성모마리아 대성당(the Cathedral of Our Lady)이에요. 네로가 우유 배달을 마치고 종종 들르곤 했던 곳이죠. 피터 폴 루벤스, 안토니 반 다이크, 야코프 요르단스처럼 세계적인 바로크 화가들의 작품을 소장하고 있답니다. 네로는 루벤스의 '십자가에 매달리는 예수'와 '십자가에서 내려지는 예수'를 좋아했어요. 지금도 그 그림들은 성당에 전시되고 있지요. 예전에는 돈을 내야만 그림을 볼 수 있었다고 해요. 지금은 돈을 내지 않아도 누구든지 그림을 볼 수 있어요. 루벤스의 동상도 여전히 대성당 옆 그로엔 광장(Groenplaats)에 서 있답니다. 바로 네로가 위안을 얻었던 동상이죠. 중세 시대의 고성인 햇 스틴(Het Steen)과 르네상스 양식의 시청도 자랑할 만하답니다. 사람들이 앤트워프를 예술과 역사의 도시라고 부르는 것도 일리가 있는 듯해요.

Hopeless Dream
덧없는 꿈

When morning came, it was Christmas Eve.

"We need to leave, Patrasche," said Nello. [1]

Nello and Patrasche went slowly along the road
into Antwerp. The winner of the contest would
be announced today.

It was still very early but some villagers were awake.

Nello stopped at a house.

He looked inside and asked a woman,

"Would you give Patrasche a piece of bread?
He hasn't had anything to eat since yesterday." [2]

But the woman shut the door quickly.

"Just wait, Patrasche," said Nello.

"If I win, we'll have something delicious* to eat."

> '맛있는'을 뜻하는 delicious는 라틴어로 '즐거움, 기쁨'을 뜻하는
> 단어에서 유래되었어요. 상금으로 맛있는 음식을
> 사먹는다면 네로와 파트라슈가 참 즐거울 거예요.

□ hopeless 덧없는, 절망적인
□ slowly 천천히
□ winner 우승자, 수상자
□ announce 발표하다
□ be awake 깨어 있다

□ would you + 동사원형
  …해 주시겠어요?
□ a piece of …(의) 한 조각
□ anything (부정문에서) 아무것도
□ something delicious 맛있는 것

1 **need to + 동사원형** ···해야 한다, ···할 필요가 있다
We need to leave, Patrasche.
우린 떠나야 해, 파트라슈.

2 **haven't / hasn't + 과거분사형 동사 + since + 시점** ···이후로 ~하지 못했다
He hasn't had anything to eat since yesterday.
그는 어제 이후로 아무것도 먹지 못했어요.

Nello and Patrasche went on again, heartbroken
and weary. Finally, they reached City Hall.
Many boys and girls were already there.
They were all with parents or relatives or friends.
Nello missed Grandfather a lot.
He held Patrasche close to him.
At noon, the doors of City Hall were opened.
The crowd went inside to see the winning picture.
At first, Nello was so nervous that he couldn't see it. ☀
When he saw the picture, he almost
fainted. It was not his picture!
Nello ran outside and fell onto
the ground.

"It is all over, dear Patrasche,"
cried Nello. "It is all over!"
Patrasche licked Nello's face
and hands.

□ heartbroken 상심한
□ weary 지친, 피곤한
□ reach 도착하다
□ relative 친척
□ miss 그리워하다
□ hold 잡다, 붙들다 (hold-held-held)

□ at noon 정오에
□ crowd 군중, 많은 사람들
□ at first 처음에
□ nervous 긴장되는
□ faint 기절하다
□ be over 끝나다

Mini-Less☼n

so + 형용사(A) + that절(B): 너무 A해서 B하다

See p.85

'너무 …해서 ~하다'는 표현을 하고 싶을 때는 so 다음에 형용사나 부사를 쓰고,
그 뒤에 that절을 쓰면 된답니다.

- At first, Nello was so nervous that he couldn't see it.
  처음에 네로는 너무 긴장해서 그것을 볼 수가 없었다.
- It was so cold that I couldn't go outside. 너무 추워서 밖에 나갈 수가 없었다.

Nello went back to his village.

Patrasche walked slowly by his side.

They were weak from hunger and sorrow.

It was already dark when they reached the village.

Suddenly, Patrasche stopped.

He began to scratch at the snow.

Then he pulled a wallet from the snow with his teeth. [1]

Nello looked carefully at the wallet.

"There is the name of Mr. Cogez," he said.

Nello found two thousand francs in it.

"He'll be worried. Let's go and give it to him,"

said Nello. "Good dog!"

He gently patted Patrasche.

They walked toward the mill-house.

□ by one's side …의 곁에서
□ sorrow 슬픔
□ suddenly 갑자기
□ scratch 긁어서 파다
□ wallet 지갑
□ be worried 걱정하다
□ pat 쓰다듬다
□ toward …을 향해서

1 **pull A from B** B에서 A를 끄집어내다
Then he pulled a wallet from the snow with his teeth.
그리고는 그는 눈 속에서 지갑 하나를 이빨로 끄집어냈다.

? 지갑은 누구의 것이었나요?
a. 코제츠 씨   b. 네로   c. 아로아
정답 a

When Nello knocked on the door, Mrs. Cogez
opened it.

She was weeping and Alois was standing beside her.

"Poor Nello," said Mrs. Cogez kindly.

"Go, before my husband sees you. He went out to
look for his wallet. If he doesn't find it, we will
lose everything."

Nello gently put the wallet in her hand.

Mrs. Cogez was so surprised that she couldn't speak.

Nello thought for a moment.

Then he called Patrasche into the house.

"Patrasche found the wallet," said Nello.

"Please feed him and take care of him."

Nello kissed Patrasche and quickly closed the door.

"Nello, wait!" said Alois.

But he had disappeared into the night. ☀

Mini-Less ☀n

과거보다 더 과거: had + 과거분사형 동사

과거의 시점을 기준으로 그 이전에 있었던 일을 표현할 때는 '…했었다'라는 뜻의
「had + 과거분사형 동사」를 써요.

• "Nello, wait!" said Alois. But he had disappeared into the night.
  "네로, 기다려!" 아로아가 말했다. 하지만 그는 (이미) 밤의 어둠 속으로 사라져 버렸다.

• Jane went to buy tickets at the station, but they had already been sold out.
  제인은 기차역에 표를 사러 갔지만, 이미 표가 다 팔려 버렸다.

□ knock 두드리다
□ weep 울다 (weep-wept-wept)
□ beside …의 곁에
□ look for …을 찾다

□ lose 잃다 (lose-lost-lost)
□ for a moment 잠시 동안
□ feed 먹이다
□ close 닫다

Alois and her mother tried to comfort Patrasche.
They brought him sweet cakes and juicy meats. [1]
They tried to bring him close to the fire. But he wouldn't eat. He wouldn't move from the door. He only tried to open the door. After a while, Mr. Cogez came home.

□ juicy 즙이 많은
□ forever 영원히
□ trembling 떨리는
□ everywhere 곳곳에, 도처에
□ be gone (사물이) 없어지다
□ honest 정직한

□ sink into ⋯에 주저앉다
　(sink-sank-sunk)
□ ashamed 부끄러운
□ deserve 받을 만하다
□ kindness 친절
□ apologize to ⋯에게 사과하다

1　**bring + 간접목적어(A) + 직접목적어(B)** A에게 B를 가져다주다
　They brought him sweet cakes and juicy meats.
　그들은 그에게 달콤한 케이크와 즙이 많은 고기를 가져다주었다.

2　**such + a(n) + 형용사(A) + 명사(B)** 정말 (너무나) A한 B
　He is such an honest boy. 그는 정말 정직한 아이예요.

"The money is lost forever!" he said
in a trembling voice. "I have looked
everywhere. It is gone!"
His wife gave him the wallet.
"Nello gave it to me," she said.
"He said Patrasche found it in
the snow. He is such an
honest boy." [2]
Mr. Cogez sank into a chair
and covered his face.
He was very ashamed.
"I have been very bad to
Nello. I don't deserve
his kindness," he said.
"I'll apologize to him
tomorrow."

 # Check-up Time!

● WORDS

빈 칸에 알맞은 단어를 보기에서 골라 써 넣으세요.

trembling	slowly	something	awake

1 I'd like to have _____ cold to drink.

2 She said in a _____ voice.

3 He walked _____ by my side.

4 She has been _____ for hours.

● STRUCTURE

문장의 뜻에 알맞은 단어를 찾아 동그라미 하세요.

1 우린 그 문제에 대해 생각해 봐야 해.

→ We need (think / to think) about the problem.

2 그는 어제부터 아무것도 먹지 못했어요.

→ He (hasn't had / had) anything to eat since yesterday.

3 내가 기차역에 도착했지만, 기차는 이미 떠나 버렸다.

→ I reached the station, but my train (had left / left).

본문에 나오는 내용을 생각하며 보기에서 맞는 주어를 골라 써 넣으세요.

a. Nello	b. Mr. Cogez
c. Mrs. Cogez	d. Patrasche

1 _____ couldn't see the winning picture at first.

2 _____ only tried to open the door.

3 _____ went out to look for the lost money.

4 _____ was very surprised and couldn't speak.

● SUMMARY

빈 칸에 맞는 말을 골라 이야기를 완성하세요.

Nello and Patrasche went to Antwerp. The winner of the drawing contest was (   ). But Nello didn't get the prize. That day, they found Mr. Cogez's (   ) in the snow. Nello was so (   ) that he gave it to Mrs. Cogez. Mr. Cogez was very (   ).

a. wallet　　　　　　　b. ashamed

c. announced　　　　　d. honest

Together Forever
영원히 함께

Many visitors came to Mr. Cogez's house.

They all enjoyed Christmas Eve.

The house was bright and warm.

And the tables were filled with delicious food.

But Patrasche wanted only Nello.

He kept looking for a chance to go outside.

□ visitor 손님
□ enjoy 즐기다
□ bright 밝은
□ keep ...ing 계속해서 …하다

□ chance 기회
□ careless 조심성 없는
□ follow 따라가다
□ footprint 발자국

Finally, a careless visitor left the door open.

Patrasche ran outside as fast as he could.

He followed Nello's footprints.

But they were almost gone in the falling snow.

So, he followed Nello's smell.

He went along the road into town.

1 **leave + 목적어(A) + 형용사(B)** A를 B인 채로 두다
Finally, a careless visitor left the door open.
마침내, 조심성 없는 한 손님이 문을 연 채로 두었다.

2 **as + 형용사(A) + as + 주어(B) + can** B가 할 수 있는 한 A하게
Patrasche ran outside as fast as he could.
파트라슈는 그가 할 수 있는 한 빠르게 밖으로 뛰쳐나갔다.

At midnight, Patrasche reached Antwerp.

The streets were silent and all white with snow.

Patrasche went inside the cathedral.

He knew Nello was there.

He saw Nello lying on the cold floor before the altar.

He went to Nello and softly licked his face.

"Patrasche!" cried Nello.

He threw his arms around Patrasche. [1]

"You have come! Let's lie down together and
keep warm." [2]

Patrasche put his head on Nello's breast.

They lay close together under Rubens's paintings.

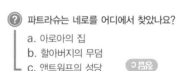

? 파트라슈는 네로를 어디에서 찾았나요?
- a. 아로아의 집
- b. 할아버지의 무덤
- c. 앤트워프의 성당   ⟨정답은 c⟩

□ at midnight 한밤중에
□ street 거리
□ floor 바닥

□ before + 장소 …앞에
□ altar (교회나 성당 등의) 제단
□ breast 가슴

1 **throw one's arms around** …을 껴안다
He threw his arms around Patrasche.
그는 파트라슈를 껴안았다.

2 **keep + 형용사** 계속 …하게 하다 (유지하다)
Let's lie down together and keep warm. 같이 누워서 몸을 따뜻하게 하자.

Suddenly, the moon came out through the clouds. [1]
A white light came into the cathedral. It shone on
the curtains of the paintings.

At that moment, Nello stood up. He stretched his
arms and took down the curtains.

For the first time, he saw *The Elevation of the Cross* and
The Descent of the Cross. Tears ran down his pale face.

"Now I see them," he cried.

"How beautiful they are! Oh, it is enough." [2]

For a moment, the light shone brightly on the face
of Christ in the picture. Then it was gone.

Nello gently hugged Patrasche again.

"I am happy now, Patrasche," he said.

Slowly, they fell into a deep sleep.

□ shine on ···을 비추다
  (shine-shone-shone)
□ at that moment 그때
□ stretch 뻗다

□ tear 눈물
□ run down 흘러내리다
□ Christ 예수
□ fall into ···로 빠져들다

1 **come out through** ···사이로 나타나다
Suddenly, the moon came out through the clouds.
갑자기, 달이 구름 사이로 나타났다.

2 **How + 형용사 + 주어 + 동사!** 정말 ···하구나!
How beautiful they are! 정말 아름답구나!

On Christmas morning, the priest found Nello and
Patrasche lying on the floor. [1]

The freezing cold had taken their lives. [2]

Nello's pale face was turned toward Rubens's paintings.

And he had a smile on his lips.

The news quickly spread all over the little village.

The people of the village were ashamed.

Soon, Mr. Cogez came to the cathedral with his daughter.

He wept bitterly. "I was cruel to the boy," he said.

"I should have treated him like my son." ☀

"Oh, Nello!" cried Alois.

"We have everything ready for you. And Patrasche will
be happy, too! Nello, wake up!"

☐ priest 신부, 사제
☐ news 소식
☐ spread 퍼지다
☐ bitterly 몹시

☐ be cruel to …에게 잔인하다
☐ treat 대하다, 여기다
☐ ready 준비된
☐ too (…도) 또한

---

1 **find + 목적어(A) + …ing (B)** A가 B하는 것을 발견하다
On Christmas morning, the priest found Nello and Patrasche
lying on the floor.
크리스마스날 아침, 신부님은 네로와 파트라슈가 바닥에 누워 있는 것을 발견했다.

2 **take one's life** …의 목숨을 앗아가다(거두다)
The freezing cold had taken their lives.
매서운 추위가 그들의 목숨을 앗아갔다.

Mini-Lesson

should have + 과거분사형 동사: …했어야 했다

과거에 해야 했던 어떤 일을 하지 못한 것에 대한 유감을 나타내고 싶다면, '…했어야 했다'라는
의미의 「should + have + 과거분사형 동사」를 쓰세요.

- I should have treated him like my son. 나는 그를 아들처럼 대했어야 했어.
- They should have listened to the tour guide. 그들은 관광 안내원의 말을 들었어야 했다.

A famous painter also came to the cathedral.

"I'm looking for the boy who drew a picture of a woodman. He should have won the prize yesterday," he said.

"He is very talented and I want to teach him art."

But it was too late!

Nello and Patrasche had been together all their lives. [1]
Even death could not separate them. The people of their village made one big grave for them. [2]

They placed the boy and the dog there side by side.

And now Nello and Patrasche are at rest together, forever!

- □ also …도〔또한〕
- □ too 너무 …한
- □ late 늦은
- □ death 죽음
- □ separate 떼어놓다
- □ grave 무덤
- □ place 두다, 놓다
- □ side by side 나란히

---

1 **all one's life** 평생토록, 평생 동안
Nello and Patrasche had been together all their lives.
네로와 파트라슈는 평생토록 함께 해왔다.

2 **make A for B** B를 위해 A를 만들다
The people of their village made one big grave for them.
마을 사람들은 그들을 위해 큰 무덤 하나를 만들었다.

Check-up Time!

● **WORDS**

퍼즐의 빈 칸에 들어갈 알맞은 철자를 써 넣어 낱말을 완성하세요.

Across
3. 발자국
4. 눈물

Down
1. 바닥
2. 거리

● **STRUCTURE**

빈 칸에 알맞은 단어를 골라 문장을 완성하세요.

1 A light came out _____ the clouds.

    a. in   b. to   c. through

2 She made a birthday cake _____ me.

    a. around   b. for   c. on

3 Mike threw his arms _____ his baby.

    a. around   b. in   c. through

● COMPREHENSION

본문의 내용과 일치하면 T, 일치하지 않으면 F에 표시하세요.

1 Many visitors came to Mr. Cogez's house. ☐T ☐F

2 Patrasche found Nello in their hut. ☐T ☐F

3 Nello took down the curtains of the paintings. ☐T ☐F

4 A famous painter was ashamed. ☐T ☐F

● SUMMARY

빈 칸에 맞는 말을 골라 이야기를 완성하세요.

Patrasche found Nello and they lay together to (　　) warm. Finally, Nello saw Rubens's paintings. Next morning, the priest found them (　　) on the cold floor. People made one big (　　) for Nello and Patrasche. They (　　) together forever.

a. grave

b. dead

c. rested

d. keep

루벤스와 그의 작품들

Rubens and his works

In *A Dog of Flanders*, Nello deeply admires Rubens.
Nello wants to be a famous painter like him. Why don't we learn
more about Rubens? Peter Paul Rubens (1577 – 1640) was the
leading painter in Flanders and one of the top Baroque painters in
the seventeenth-century. His works were mostly religious and
historical paintings. He also drew many portraits and landscapes.

He is especially well-known for his altar-pieces such as *The Elevation of the Cross* and *The Descent of the Cross*. It is amazing that *The Descent of the Cross* is one of the seven national treasures of Belgium. Let's take a closer look at *The Elevation of the Cross*. It is the central painting of the altar-piece. This altar-piece has three connected panels. People are raising Christ to the cross in the picture. The movements and the colors are stressed according to the Baroque style. One more thing! Do you see a dog at the bottom left in the picture? Rubens liked to draw dogs in his pictures. So, next time you see a picture painted by Rubens, try to find a dog. It will be fun!

〈플랜더스의 개〉에서 네로는 루벤스를 매우 동경해요. 네로는 그와 같은 유명한 화가가 되고 싶어하죠. 루벤스에 대해서 좀 더 알아볼까요? 피터 폴 루벤스(1577-1640)는 플랜더스 최고의 화가이면서 17세기의 대표적인 바로크 화가들 중 한 사람이었답니다. 그의 작품은 대부분 종교화와 역사화였어요. 또한, 초상화와 풍경화도 많이 그렸죠. 그는 특히, '십자가에 매달리는 예수'와 '십자가에서 내려지는 예수' 같은 제단화로 잘 알려져 있답니다. '십자가에서 내려지는 예수'는 벨기에의 7대 보물 중 하나라니, 참 놀라운 일이죠. '십자가에 매달리는 예수'를 좀 더 자세히 살펴보기로 해요. 이 그림은 제단화의 가운데 그림이에요. 이 제단화는 세 개의 그림이 연결되어 있죠. 사람들이 예수님을 십자가로 올리고 있어요. 바로크 양식에 따라 움직임과 색채가 강조되고 있답니다. 하나 더! 그림의 왼쪽 아래에 개가 보이세요? 루벤스는 작품 속에 개를 즐겨 그렸어요. 다음에 루벤스의 그림을 보게 된다면, 개가 있는지 찾아보세요. 재미있을 거예요!

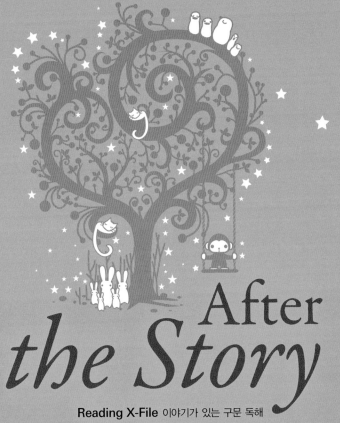

After the Story

Reading X-File 이야기가 있는 구문 독해
Listening X-File 공개 리스닝 비밀 파일
Story in Korean 우리 글로 다시 읽기

As time went by, Grandfather became very weak.

시간이 지날수록 할아버지는 매우 쇠약해졌다.

★　★　★

네로가 아주 어렸을 때부터 우유 배달을 하며 네로를 길러주시던 할아버지. 나이 많은 할아버지는 시간이 지날수록 점점 더 몸이 쇠약해집니다. 이를 표현한 위 문장에 '…가 ~할수록[함에 따라]' 을 뜻하는 as + 주어 + 동사가 쓰였는데요, 실생활에서 많이 접하게 되는 표현이랍니다. 잘 기억해 두세요. 그럼 아로아와 네로의 대화를 통해서 이 표현을 다시 한번 익혀볼까요?

You drew many beautiful pictures.
Where do you find the places to draw?

넌 멋진 그림을 많이 그리는구나.
어디서 그런 장소를 찾니?

Alois

I go to the mountains. As I go up,
I can find many good places for drawing.

난 산으로 가. 높이 올라갈수록 그림 그리기에 좋은 장소를
많이 찾을 수 있거든.

Nello

They were painted
by the great artist, Rubens.

그것들은 위대한 예술가인 루벤스에 의해 그려졌다.

★　★　★

우유 배달을 마친 네로가 찾아가는 곳이 있었는데요, 앤트워프 시내에 있
는 성당이었어요. 네로는 그 성당에 있는 그림들을 보고 싶어 했어요. 위
대한 예술가 루벤스에 의해 그려진 그림들 말이에요. 이처럼 '…에 의해
서 ~되어지다' 라는 표현을 하고 싶을 때에는 위 문장처럼 주어 + be동
사 + 과거분사형 동사 + by + 행위자라는 수동태 형식을 취하면 된답니
다. 네로와 코제츠 부인의 대화로 다시 볼까요?

Nello

I want to meet Alois. Is she in now?

아로아를 만나고 싶은데요. 지금 안에 있나요?

Mrs. Cogez

Oh, Alois is not here.
She was sent to her Aunt by her father.

아, 아로아는 여기 없단다. 아빠에 의해 고모 댁에 보내졌어.

Life became harder for Nello and Grandfather.

네로와 할아버지의 생활은 더 힘들어졌다.

★　★　★

방앗간에 불이 나자 코제츠 씨는 네로가 불을 질렀다고 의심하고, 마을 사람들은 네로에게 우유 배달을 맡기지 않게 됩니다. 네로와 할아버지의 생활은 더 어려워지게 되지요. 이러한 상황을 묘사한 위 문장에 '더 힘든'이라는 뜻의 harder가 쓰였는데요, 이처럼 형용사 뒤에 -er을 붙이면 '더 …한'이라는 뜻을 만들 수 있답니다. 그럼 할아버지와 코제츠 부인의 대화로 다시 볼까요?

Grandfather

Winter is around the corner.
It's getting colder.

겨울이 가까이 다가왔네요. 점점 더 추워지고 있어요.

Mrs. Cogez

You're right.
Keep warm and stay healthy.

맞는 말씀이에요. 따뜻하게 하고 건강을 유지하세요.

At first, Nello was so nervous that he couldn't see it.

처음에 네로는 너무 긴장해서 그것을 볼 수가 없었다.

★　★　★

크리스마스 이브에 네로는 파트라슈와 함께 앤트워프의 시청으로 향합니다. 바로 미술 대회의 수상작이 발표되는 날이었기 때문이죠. 그러나 시청에 도착한 네로는 너무 긴장해서 차마 수상작을 쳐다볼 수가 없었어요. 이를 표현한 위 문장에 '너무 …해서 ~하다'를 뜻하는 so + 형용사 + that절이 쓰였다는 것, 눈치채셨나요? 그럼 아로아와 네로의 대화로 다시 한번 살펴볼까요?

Alois

I'm having a birthday party on Saturday.
Can you come with Grandfather?

이번 주 토요일에 생일 파티를 열거야.
할아버지와 함께 올 수 있겠니?

Nello

I can come but he can't.
He is so sick that he should stay in bed.

난 갈 수 있지만 할아버지는 안 될 것 같아.
너무 아프셔서 누워서 쉬셔야 하거든.

01

첫소리 c는 더욱 강하게 ~

c가 단어의 첫소리일 때는 강하게 발음해 주세요.

단어의 처음에 오는 c와 그렇지 않은 c는 같은 [ㅋ]라도 자세히 들어보면 소리가 달라요. 왜 그럴까요? 중간 소리나 끝소리 c에 비해 첫소리 c는 턱을 아래로 당기고 입안 깊숙한 곳에서 강하게 [ㅋ]를 발음하기 때문이랍니다. 실제로 원어민의 발음을 들어보면 care는 첫소리 [ㅋ]가 강하게 발음되어 [케어리]로 소리 난다는 것을 알 수 있을 거예요. 그럼 본문 16쪽에서 확인해 보세요.

So his grandfather took (　　) of him.

care 턱을 아래로 당기고 첫소리 [ㅋ]를 강하게 [케어리]로 발음해 보세요.

02 우리말엔 없어서 더 까다로운 th!

윗니와 아랫니 사이에 혀끝을 살짝 넣었다가 빼면서 발음하세요.

father의 th는 우리말의 [ㄷ]와 비슷하게 들리죠? 사실은 [ㄷ]가 아니라 [ð]로 발음된답니다. [ð]는 혀끝을 윗니와 아랫니로 살짝 물었다가 빼면서 공기를 입 밖으로 뱉어 내는 소리예요. 이런 예를 더 찾아볼까요? together, weather, mother 모두 이렇게 소리난답니다. 혀끝을 물었다가 재빠르게 빼면서 발음한다는 사실, 꼭 기억하세요. 그럼 본문 30쪽에서 다시 확인해 볼까요?

Alois's (　　) took the portrait from Nello's hand.

father 혀끝을 살짝 물었다 빼면서 [파더리]로 발음해 보세요.

03 '산다' 혹은 '떠난다'?

live는 짧고 약하게 [리브], leave는 길고 강하게 [리이브]랍니다!

영어에서는 장모음과 단모음을 확실하게 구별해 주어야
해요. '살다'를 뜻하는 live와 '떠나다'를 뜻하는 leave처
럼 모음의 길이에 따라 의미가 완전히 달라질 수도 있기
때문이죠. 하나 더! live와 leave는 모음의 길이만 다른 게
아니에요. live를 발음할 때는 [이]를 약하게 [리브]로,
leave를 발음할 때는 [이]를 강하게 [리이브]로 발음해야
한답니다. 그럼 본문 33쪽과 54쪽에서 확인해 볼까요?

**Keep them apart, or I'll send her to (①) with
the nuns!**

① **live** 어때요, 제대로 들렸나요? 이제부터 [리브]라고 짧고 약하
게 발음해 주세요.

"We need to (②), Patrasche," said Nello.

② **leave** [이]를 길게 끌면서 강하게
[리이브]라고 발음해 주세요.

04 단어 끝에서 한없이 약해지는 d!

단어가 -nd로 끝나면 d는 거의 들리지 않아요.

---

behind, 어떻게 발음할까요? [비하인드]라고 발음한다면, Oh, no! 원어민은 behind를 [비하인]에 가깝게 발음해요. 이처럼 -nd로 끝나는 단어에서는 d가 아주 약해져서 거의 들리지 않는답니다. 그동안 behind의 d를 정확하게 발음하려고 애썼다면, 이제부터는 스치듯 발음해 보세요. around도 마찬가지로 [어라운] 정도로 발음된답니다. 그럼 본문 34쪽과 68쪽에서 함께 살펴볼까요?

After work, he went to a shed (①) the hut.

① **behind** 어때요? 이제부터는 자연스럽게 [비하인]으로 발음해 보세요.

He threw his arms (②) Patrasche.

② **around** -nd로 끝나는 단어죠?
[어라운]으로 발음한답니다.

around~

1장 | 네로와 파트라슈

`p.16~17` 아주 오래 전, 플랜더스 지방에 어린 소년이 살고 있었다. 이름은 네로였으며 할아버지와 함께 살고 있었다. 네로는 아주 어릴 적에 부모님을 여의었다. 그래서 할아버지가 네로를 보살펴 주었다.

매일 아침마다 할아버지는 일찌감치 일어나서 이웃 젖소들의 우유를 받으러 다녔다. 그리고는 그 우유를 앤트워프 시에 배달하곤 하였다. 할아버지가 우유 수레를 끌고 나갈 때면, 네로는 뒤에서 수레를 밀어드리곤 했다. 그들은 가난했지만 함께 행복하게 살았다.

`p.18~19` 어느 여름날, 네로와 할아버지가 일을 마치고 돌아오던 길이었다. 두 사람은 커다란 개 한 마리가 길가에 쓰러져 있는 것을 보았다. 그 개는 쇠약하고 무척 아파 보였다. 할아버지는 그 개를 자세히 살펴보았다.

"죽은 거예요?" 네로가 말했다.

"아니야. 하지만 곧 죽을 것 같구나."
할아버지가 말했다.

"우리가 집으로 데려가도 되요?"
네로가 말했다.

"글쎄, 주인을 찾아봐야 할 것 같구나."
할아버지가 말했다. 그들이 주위를 둘러보았지만, 개의 주인을 찾을 수 없었다.

"개를 죽게 내버려둘 수는 없지." 할아버지가 말했다. "집으로 데리고 가자."

`p.20~21` 네로와 할아버지는 그 가엾은 개를 자신들의 오두막으로 데려갔다. 그들은 개를 정성껏 보살펴 주었고 파트라슈라는 이름도 지어 주었다. 파트라슈는 이내 건강을 회복했다. 파트라슈가 드디어 일어서자, 네로는 기뻐서 소리쳤다.

"할아버지! 오셔서 파트라슈 좀 보세요!"

"어허, 이제 다 나았구나." 할아버지가 미소를 지으며 말했다. 파트라슈도 기쁜 듯이 계속 짖어 대었다. 마치 "정말 고맙습니다."라고 말하는 것만 같았다.

다음날 아침, 네로와 할아버지는 우유 배달을
나갈 준비를 하고 있었다. 파트라슈가 수레 쪽
으로 다가왔다. 그리고는 수레 손잡이 사이에
서는 것이었다. 수레를 자기가 끌고 싶은 듯 보
였다.

"할아버지, 파트라슈가 도와 드리고 싶어해요."
네로가 말했다.

"얘한테는 너무 무거울 거다." 할아버지가 말했다.

할아버지는 부드럽게 파트라슈를 밀어냈다. 그러자 파트라슈는 입으로 수레를 물고
끌려고 했다.

`p.22~23` 결국 할아버지는 파트라슈가 도와주는 것을 허락했다. 네로와 할아버지는
파트라슈와 함께 훨씬 더 쉽게 우유 배달을 하게 되었다. 파트라슈는 매일 아침마다
수레를 끌었다. 오후가 되면 양지바른 곳에서 낮잠을 자거나 네로와 함께 놀았다. 파
트라슈는 새로운 집에서 매우 행복했다.

시간이 지날수록, 할아버지는 매우 쇠약해지셨다. 더 이상 일을 나가실 수가 없었
다. 그래서, 네로가 파트라슈와 함께 우유 배달을 다니게 되었다. 아직 어린 소년이었
지만, 네로는 당당하게 일을 잘 해내었다. 그들이 집으로 돌아올 때면 할아버지는 따
뜻이 맞아 주었다.

2장 | 미술에 대한 열정

`p.26~27` 앤트워프에서 네로는 가끔 성당에 들르곤 했다. 하지만 성당에서 나올 때
면, 항상 슬픈 표정을 짓곤 했다.

"그 그림들을 볼 수 있다면 좋을 텐데." 네로가 말했다. "그것들은 커튼으로 가려져
있어. 그림을 보려면 돈을 내야 하는데, 난 돈이 없어."

네로는 파트라슈를 다정하게 끌어안으며 말했다. "그림들을 볼 수만 있다면, 난 죽
어도 행복할 거야."

그 그림들은 '십자가에 매달리는 예수'와 '십자가에서 내려지는 예수'였다. 위대
한 화가인 루벤스에 의해 그려졌다. 네로는 루벤스를 매우 동경했다.

"루벤스처럼 유명한 화가가 되고 싶어." 네로가 속삭였다.
파트라슈는 네로의 손을 부드럽게 핥았다. 네로는 할아버지가 자신의 꿈을 이해하지 못
하신다는 것을 알고 있었다. 그래서 오직 파트라슈와 아로아에게만 그 이야기를 했다.

p.28~29 아로아는 어여쁜 소녀였다. 그 소녀는 방앗간 집에 살았다. 아로아는 네로와 파트라슈와 종종 어울려 놀았다.

어느 날, 아로아는 네로에게 초상화를 그려달라고 부탁했다. 아로아는 풀밭에 앉아서 자세를 취했다. 네로는 그녀의 초상화를 그리기 시작했다.

잠시 후, 아로아의 아버지가 나타났다. 그는 자신의 딸이 네로와 함께 있는 것을 발견했다.

"아로아! 집에 돌아가 어머니를 도와 드려라!" 그는 성을 내며 소리쳤다.

"아빠, 전 단지…" 아로아가 말하기 시작했다. 하지만 미처 말을 끝내지 못했다.

"당장 집으로 가거라!" 그녀의 아버지가 말했다. 아로아는 울면서 집으로 달려갔다.

p.30~31 아로아의 아버지는 네로의 손에서 초상화를 빼앗았다. 그는 그림을 보고는 매우 놀랐다. 그것은 딸의 모습과 똑같았다.

"이런 짓을 하며 시간을 낭비하는 이유가 뭐냐?" 그가 물었다.

"전… 전 그림 그리기를 좋아해요. 뭐든지 그려 보곤 해요." 네로가 말했다.

아로아의 아버지는 주머니에서 은화 한 닢을 꺼냈다.

"그림 그리기란 쓸데없는 짓이다." 그가 말했다. "하지만 아로아 엄마가 좋아하겠군. 이 돈을 받고 그림을 다오."

"전 돈을 원하는 게 아니에요, 코제츠 씨." 네로가 말했다. "그림은 가지셔도 되요."

그리고 네로는 파트라슈를 불러 그 자리를 떠났다.

"그 돈이 있으면, 성당의 그림들을 볼 수 있을 텐데." 네로가 파트라슈에게 말했다. "하지만 아로아의 초상화를 돈 받고 팔 수는 없었어."

p.32~33 코제츠 씨는 네로를 좋아하지 않았다.

"아로아가 네로와 놀지 못하게 해요." 그가 아내에게 말했다.

"하지만 그는 친절하고 부지런한 애잖아요." 코제츠 부인이 말했다. "그 녀석은 가난뱅이요." 코제츠 씨가 말했다. "그리고 그 녀석은 화가가 되고 싶어 한단 말이오. 화가는 거지보다 더 못하지. 그 애들이 어울리지 못하게 하시오. 안 그러면 아로아를 수녀원에 보내 버리겠소!"

아로아와 네로는 더 이상 같이 놀 수 없었다. 며칠 후, 아로아가 네로를 찾아 왔다.

"네로, 우리 아빠는 정말 너무 해." 아로아가 말했다.

"넌 잘못한 게 아무것도 없는데!"

"아로아, 아빠한테 화내지 마." 네로가 말했다. "그는 좋은 분이고 널 무척 사랑하시잖아. 언젠가, 난 훌륭한 화가가 되고 말 거야. 그렇게 되면, 너희 아빠도 날 좋아하시겠지."

네로는 서글픈 미소를 지으며 아로아를 돌려보냈다.

`p.34~35` 네로는 남몰래 자신의 앞날을 준비하고 있었다. 일을 마친 다음이면, 그는 오두막 뒤쪽의 광으로 갔다. 그곳에서 그는 나무꾼의 초상화를 그렸다.

아무도 네로에게 그림 그리는 방법을 가르쳐 준 적이 없었다. 하지만 네로에게는 예술적인 재능이 있었다. 그는 물감이 없었으므로, 목탄으로만 그림을 그렸다. 네로의 그림은, 비록 흑백이었지만, 아름다웠다.

네로는 앤트워프에서 열리는 대회에 자신의 그림을 출품하고 싶었다. 그 대회는 열여덟 살 이하의 모든 사람에게 열려 있었다. 그리고 상금은 이백 프랑이었다.

"파트라슈, 난 꼭 우승을 하고 싶어." 네로가 말했다. "내가 그 상금을 타게 되면, 그림 공부를 할 수 있을 거야."

파트라슈는 기쁜 듯이 꼬리를 흔들었다.

`p.36~37` 마침내 네로는 그림을 완성했다. 그는 그림을 조심스럽게 우유 수레에 실었다. 그리고는 파트라슈와 함께 마을로 향했다. 네로는 자신의 그림을 시청에 두었다.

'난 최선을 다했어.' 네로는 생각했다. 하지만 돌아오는 길에, 네로는 큰 두려움을 느꼈다. '어쩌면 내 그림이 아주 형편없는지도 몰라.' 네로는 생각했다.

성당을 지나오면서, 네로는 루벤스의 동상을 보았다. 그 위대한 화가가 마치 네로에게 미소를 지으며 이렇게 말하는 듯 했다. "꼬마 친구, 용기를 내거라!"

네로는 위안을 얻으며 집으로 돌아왔다.

3장 | 방앗간의 화재

`p.40~41` 며칠 동안 눈이 내렸다. 파트라슈가 눈길 위로 수레를 끌기는 힘들었다.

"파트라슈, 집에서 쉬어." 네로가 말했다. "내가 수레를 끌 수 있어."

하지만 파트라슈는 매일같이 수레를 끌고 시내로 갔다. 네로를 도울 수 있는 건 오직 자신뿐임을 파트라슈는 알고 있었다.

어느 날 오후, 네로와 파트라슈는 길에서 예쁜 인형을 발견했다. 네로는 주인을 찾아주려 했지만, 찾을 수가 없었다.

그래서 네로는 생각했다. '아로아가 좋아하겠다.'

그들이 방앗간 집에 도착했을 때에는 날이 어두워져 있었다. 네로는 아로아의 방 창문으로 기어올라가 조용히 창문을 두드렸다.

"아로아! 나야." 네로가 속삭였다.

아로아가 창문을 열고 내다보았다.

"네로!" 아로아가 환하게 미소를 지으며 말했다.

"눈길에서 인형을 하나 발견했어. 받아." 네로가 말했다.

네로는 인형을 아로아에게 건네고는 재빨리 다시 내려갔다. 네로는 이내 어둠 속으로 사라져 버렸다.

`p.42~43` 그날 밤, 방앗간에 큰 불이 났다.

"불이야! 불이야!" 코제츠 씨가 소리를 질렀다.

마을 사람들 모두가 불을 끄러 뛰어다녔다. 다행히도, 불길은 곧 잡혔다. 그때 코제츠 씨는 사람들 속에 네로가 있는 것을 보았다. 그는 매우 화가 났다.

"네로!" 코제츠 씨는 고함을 질렀다. "날이 저문 뒤에 네가 근처에서 어슬렁거리는 것을 보았다. 난 네가 불을 낸 게 틀림없다고 확신해!"

"코제츠 씨, 제가 그러지 않았어요." 네로가 억울해하며 말했다.

마을 사람들 중 아무도 코제츠 씨의 말을 진정으로 믿지는 않았다. 하지만 코제츠 씨는 부자고 권력이 있었기 때문에 그의 비위를 맞추어야만 했다. 그래서 사람들은 네로가 불을 냈다고 수군거리기 시작했다.

코제츠 부인만이 네로를 옹호해 주었다.

"네로는 잘못이 없어요." 그녀가 말했다. "네로에게 사과를 하셔야만 해요."

코제츠 씨는 생각을 바꾸려고 하지 않았다. 하지만 마음 속으로는, 자신이 잘못하는 것임을 알고 있었다.

p.44~45 화재 이후로 마을 사람들은 네로에게 등을 돌렸다. 사람들은 앤트워프에서 온 다른 사람에게 우유 배달을 맡겼다. 네로는 그 사실을 알지 못했다.

네로와 파트라슈는 평상시처럼 우유를 받으러 갔다. 하지만 사람들은 아무 말도 없이 문을 닫아 버렸다.

어느 농부의 아내가 네로에게 말해 주었다. "네로야, 미안하다. 코제츠 씨를 화나게 하고 싶진 않구나."

파트라슈의 우유 수레는 매우 가벼워지게 되었다. 그리고 네로는 돈이 거의 없었다. 네로와 파트라슈, 그리고 늙은 할아버지의 생활은 더욱 힘들어졌다.

p.46~47 날씨가 무척 추워져 작은 하천들은 얼어붙었다. 크리스마스가 다가오고 있었다! 그리고 마을은 즐겁고 흥겨운 분위기였다. 심지어 가난한 이들도 케이크와 사탕, 따뜻한 음료를 먹었다. 하지만 그 작은 오두막에는 따뜻한 음식이라곤 없었다.

크리스마스 며칠 전, 할아버지는 주무시다 돌아가시고 말았다. 다음날 아침에서야 네로와 파트라슈는 할아버지가 돌아가신 것을 발견했다. 그들은 너무나 큰 충격을 받았다.

"할아버지… 할아버지!" 네로가 외쳤다.

하지만 할아버지는 아무 대답이 없었다. 네로와 파트라슈는 큰 슬픔으로 가득 찼다. 그들은 울고 또 울었다. 이제는 세상에 오로지 둘만 남게 된 것이었다.

p.48~49 마을 사람들은 아무도 할아버지의 장례식에 오지 않았다. 파트라슈는 네로의 손에 부드럽게 코를 비벼 댔다. 파트라슈는 네로의 마음이 허전하다는 것을 알고 있었다.

그들이 집에 다시 돌아왔을 때, 집주인이 그들을 기다리고 있었다.

"네로야, 한 달치 월세가 밀렸다." 집주인이 말했다. "당장 월세를 내지 못하겠으면

집을 비워라!"

"지금은 월세를 낼 돈이 없어요." 네로가
말했다. "제발, 돈을 마련할 시간을 좀 주
세요."

"안 된다! 돈이 없으면 나가라." 집주인
은 말했다. 네로가 다시 사정했다. 하지만
집주인은 네로에게 다음날 아침에 떠나라
고 말했다.

네로와 파트라슈는 서로 붙어 앉은 채
밤을 보냈다. 그렇게 몸의 온기는 유지할 수
있었지만, 그들의 마음은 얼어붙는 듯했다.

4장 | 덧없는 꿈

`p.54~55` 날이 밝아 크리스마스 이브가 되었다.

"우린 떠나야 해, 파트라슈." 네로가 말했다.

네로와 파트라슈는 앤트워프로 가는 길을 따라 천천히 걸어갔다. 오늘이 대회의 우
승자가 발표되는 날이었다.

아직 이른 시간이었지만 마을 사람들 몇몇은 이미 깨어 있었다. 네로는 어느 한 집
앞에 멈춰 섰다. 네로는 안을 들여다보며 한 여인에게 물어보았다.

"파트라슈에게 빵 한 조각만 주시겠어요? 파트라슈는 어제부터 아무것도 먹지 못했
어요."

하지만 여인은 서둘러 문을 닫아 버렸다.

"기다려 봐, 파트라슈." 네로가 말했다. "내가 우승을 하면, 우린 맛있는 것을 먹을
수 있을 거야."

`p.56~57` 네로와 파트라슈는 상심하고 지친 채, 다시 걷기 시작했다. 마침내 그들은
시청에 다다랐다. 이미 많은 소년 소녀들이 그곳에 모여 있었다. 모두 부모나 친척, 혹
은 친구들과 함께 와 있었다. 네로는 할아버지가 무척 그리웠다. 네로는 파트라슈를
곁에 가까이 붙들었다.

정오가 되자, 시청의 문이 열렸다. 사람들은 우승작을 확인하려고 안으로 들어갔다.
처음에 네로는 너무 긴장해서 그것을 볼 수가 없었다. 그림을 보았을 때, 네로는 하마
터면 기절할 뻔했다. 당선작은 그의 그림이 아니었다! 네로는 밖으로 달려 나가 땅바

닥에 쓰러지고 말았다.

"이젠 끝이야, 파트라슈." 네로는 울음을 터트렸다. "이젠 끝이라구!"

파트라슈는 네로의 얼굴과 손을 핥았다.

p.58~59 네로는 자신의 마을로 돌아갔다. 파트라슈는 네로 곁에서 천천히 걸었다. 배고픔과 슬픔으로 인해 그들은 지쳐 있었다. 그들이 동네에 다다랐을 때에는 이미 날이 저물어 있었다.

갑자기 파트라슈가 발길을 멈추었다. 파트라슈는 눈을 파헤치기 시작했다. 그리고는 눈 속에서 지갑 하나를 이빨로 끄집어냈다. 네로는 지갑을 조심스레 살펴보았다.

"코제츠 씨의 이름이 써 있구나." 네로가 말했다.

네로는 지갑 속에서 이천 프랑이나 되는 돈을 발견했다.

"코제츠 씨가 걱정하시겠다. 가서 갖다 드리자." 네로가 말했다. "잘 했어!"

네로는 파트라슈를 다정하게 쓰다듬었다. 그들은 방앗간 집 쪽으로 걸어갔다.

p.60~61 네로가 문을 두드리자, 코제츠 부인이 문을 열었다. 코제츠 부인은 울고 있었고 아로아가 어머니 곁에 서 있었다.

"가엾은 네로." 코제츠 부인이 다정하게 말했다. "어서 가거라. 남편이 널 보기 전에 말이야. 그는 지갑을 찾으러 밖에 나갔단다. 만약 지갑을 못 찾으면, 우린 모든 걸 잃게 될 거야."

네로는 코제츠 부인의 손에 가만히 지갑을 놓았다. 코제츠 부인은 너무나 놀라 아무 말도 하지 못했다.

네로는 잠시 생각했다. 그리고는 파트라슈를 집 안으로 불러들였다.

"파트라슈가 지갑을 찾았어요." 네로가 말했다. "파트라슈에게 먹을 걸 좀 주시고 보살펴 주세요."

네로는 파트라슈에게 입을 맞추고 재빨리 문을 닫았다.

"네로, 기다려!" 아로아가 말했다.

하지만 네로는 밤의 어둠 속으로 사라져 버렸다.

`p.62~63` 아로아와 엄마는 파트라슈를 달래려고 애썼다. 파트라슈에게 달콤한 케이크와 즙이 많은 고기를 가져다주었다. 파트라슈를 난로 가까이 데려가려고 했다.

하지만 파트라슈는 먹으려고 하지 않았다. 파트라슈는 문 앞을 떠나려고 하지 않았다. 다만 문을 열려고 애쓸 뿐이었다.

잠시 후, 코제츠 씨가 집에 돌아왔다.

"돈을 영영 잃어버렸어!" 코제츠 씨가 떨리는 목소리로 말했다. "모든 곳을 샅샅이 뒤져 보았어. 그게 없어져 버린 거야!"

코제츠 부인은 남편에게 지갑을 건넸다.

"네로가 가져다 주었어요." 그녀가 말했다. "파트라슈가 눈 속에서 찾았다고 하더군요. 네로는 정말 정직한 아이예요."

코제츠 씨는 의자에 주저앉으며 얼굴을 감쌌다. 그는 정말 부끄러웠다.

"난 네로에게 심하게 굴었는데. 난 그 아이의 친절을 받을 자격이 없어." 그가 말했다. "내일 그 아이에게 사과를 해야겠어."

5장 │ 영원히 함께

`p.66~67` 코제츠 씨 집에는 손님들이 많이 찾아왔다. 모두들 크리스마스 이브를 즐겁게 보냈다. 집은 환하고 따스했다. 그리고 식탁에는 맛있는 음식들이 잔뜩 차려져 있었다.

하지만 파트라슈는 오직 네로만을 원했다. 파트라슈는 밖으로 나갈 기회만을 노리고 있었다. 마침내 조심성 없는 한 손님이 문을 열어 놓았다. 파트라슈는 그가 할 수 있는 한 빠르게 밖으로 뛰쳐나갔다.

파트라슈는 네로의 발자국을 따라갔다. 하지만 눈이 내려 발자국들이 거의 다 지워져 버렸다. 그래서, 파트라슈는 네로의 냄새를 좇아갔다. 파트라슈는 길을 따라 도시로 갔다.

`p.68~69` 자정 무렵, 파트라슈는 앤트워프에 다다랐다. 거리는 고요했고 온통 눈으로 뒤덮여 있었다. 파트라슈는 성당 안으로 들어갔다. 그는 네로가 그곳에 있다는 것

을 알고 있었다.

파트라슈는 네로가 제단 앞의 차디찬 바닥에 누워 있는 모습을 보았다. 파트라슈는 네로에게 다가가 부드럽게 얼굴을 핥아댔다.

"파트라슈!" 네로가 소리쳤다. 네로는 파트라슈를 껴안았다.

"네가 왔구나! 같이 누워 몸을 따뜻하게 하자."

파트라슈는 네로의 가슴에 자기 머리를 가져다 댔다. 그들은 루벤스의 작품들 아래에 서로 몸을 바짝 붙이고 누웠다.

p.70~71 갑자기 구름 사이로 달이 나타났다. 성당 안으로 새하얀 빛이 비쳐 들었다. 그림들을 가린 커튼 위로 달빛이 비추었다.

그 순간, 네로는 일어섰다. 네로는 팔을 뻗어 커튼을 내렸다. 난생 처음으로, 네로는 '십자가에 매달리는 예수'와 '십자가에서 내려지는 예수'를 보았다. 창백한 네로의 얼굴 위로 눈물이 흘러내렸다.

"이제야 보는구나." 네로가 소리쳤다. "정말 아름답구나! 아, 이것으로 충분해."

한순간, 그림 속의 예수님 얼굴 위로 빛이 환하게 비추었다. 그리고는 사라져 버렸다. 네로는 다시 파트라슈를 다정하게 끌어안았다.

"난 이제 행복해, 파트라슈." 네로가 말했다.

서서히 그들은 깊은 잠 속으로 빠져들었다.

p.72~73 크리스마스날 아침, 신부님이 바닥에 누워 있는 네로와 파트라슈를 발견했다. 매서운 추위가 그들의 목숨을 앗아가 버렸다. 창백한 네로의 얼굴은 루벤스의 그림들 쪽으로 향해 있었다. 그리고 입가에는 미소가 지어져 있었다.

그 소식은 작은 마을 곳곳으로 재빨리 퍼져 나갔다. 마을 사람들은 부끄러웠다. 이내, 코제츠 씨가 딸을 데리고 성당으로 왔다. 그는 대성통곡을 했다.

"난 이 소년에게 잔인하게 굴었어." 그가

말했다. "내가 그를 아들처럼 대했어야 했는데."

"오, 네로!" 아로아가 울었다. "우린 널 위해 모든 걸 준비해 뒀어. 그리고 파트라슈도 행복할 텐데! 네로야, 일어나!"

p.74~75 유명한 화가 한 사람도 성당에 찾아왔다.

"나무꾼의 그림을 그린 소년을 찾고 있소. 그 소년이 어제 상을 탔었어야 했소." 그가 말했다. "재능이 매우 뛰어난 소년이므로 가르쳐 보고 싶소."

하지만 이미 때가 늦었다! 네로와 파트라슈는 평생토록 함께 해왔었다. 죽음마저도 그들을 갈라놓지는 못했다. 마을 사람들은 그들을 위해 무덤을 크게 하나로 만들었다. 그들은 소년과 개를 나란히 함께 묻어 주었다. 그리고 이제 네로와 파트라슈는 함께, 영원히 쉴 수 있게 되었다!